AF267088

LIGUE SYNDICALE

POUR LA DÉFENSE DES INTÉRÊTS

DU TRAVAIL, DE L'INDUSTRIE ET DU COMMERCE

SECTION DE NANCY

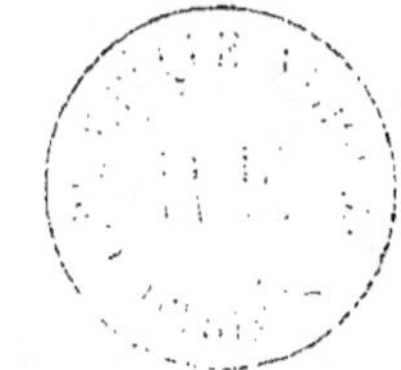

LA QUESTION

DES

GRANDS MAGASINS

DEVANT LES CHAMBRES

PAR

N. PIERSON

NANCY

IMPRIMERIE NANCÉIENNE 15, RUE DE LA PÉPINIÈRE

—

1892

LIGUE SYNDICALE

POUR LA DÉFENSE DES INTÉRÊTS

DU TRAVAIL, DE L'INDUSTRIE ET DU COMMERCE

SECTION DE NANCY

LA QUESTION

DES

GRANDS MAGASINS

DEVANT LES CHAMBRES

PAR

N. PIERSON

NANCY

IMPRIMERIE NANCÉIENNE 15, RUE DE LA PÉPINIÈRE

1892

LA

QUESTION DES GRANDS MAGASINS

DEVANT LES CHAMBRES

———

Les dispositions bienveillantes de la plupart des députés et des sénateurs à l'égard du petit commerce ne sont douteuses pour personne. Leur volonté de modifier la loi du 15 juillet 1880 sur les patentes et de la réformer dans le sens d'une proportionnalité équitable paraît absolument arrêtée.

Il devrait donc, à première vue, nous suffire d'attendre plus ou moins patiemment le vote des Chambres qui supprimera l'injustifiable privilège dont la loi de 1880 a investi les grands magasins. Mais, nos adversaires ne se reposant pas, nous commettrions une faute grave en nous croisant nous-mêmes les bras.

Dans une société démocratique où tous les problèmes se posent devant l'opinion et se résolvent par elle seule, il ne suffit pas d'être convaincu pour son compte : on a le devoir de répandre sa conviction autour de soi.

Pour le grand public, la question des Grands Magasins n'est pas aussi simple que pour les personnes qui en ont fait une étude spéciale. Elle se présente avec les complications de doctrine que les intéressés y ont, à dessein, introduites.

Les Grands Magasins se flattent, en effet, moins de défendre leur cause que celle du public. Nous ne travaillons pas seulement pour nous, feignent-ils de dire, mais dans l'intérêt du plus grand nombre. Nous représentons le consommateur contre le producteur, le bon marché contre la cherté.

S'ils étaient seuls à tenir ce langage, on ne les croirait pas et on se contenterait de passer, en levant légèrement les épaules. Mais il faut bien reconnaître qu'ils ont trouvé des échos parmi les représentants d'une science qui n'a point encore perdu son crédit devant l'opinion.

Presque tous les représentants officiels de l'économie politique classique ont pris position contre les petits magasins en faveur des grands. M. Paul Leroy-Beaulieu n'a cessé de soutenir ceux-ci dans son journal et M. Georges Michel a publié dans la *Revue des Deux-Mondes* une apologie presque lyrique du principe de la concentration commerciale et de la suppression des intermédiaires.

Chaque fois que nous avons eu à discuter avec un adversaire des petits magasins, les arguments qui nous ont été opposés se trouvaient empruntés à l'ancienne économie politique. C'est elle, en effet, avec sa théorie du consommateur et du producteur, avec sa thèse du bon marché absolu, qui approvisionne de cartouches les Grands Magasins. On est donc autorisé à retourner la phrase fameuse de Gambetta et à s'écrier : l'économie politique, c'est l'ennemi.

Un ennemi d'autant plus dangereux qu'il exerce son empire sur les représentants des carrières libérales, sur les avocats, les professeurs, les journalistes, les hommes de lettres, sur tous ceux qui font profession de parler et d'écrire et qui, une fois pris dans l'engrenage professionnel, ne trouvent plus guère le temps de contrôler la légitimité des principes que l'école leur a enseignés.

Tout en se flattant d'être une science expérimentale, c'est-à-dire de subordonner toujours la théorie au fait, l'économie politique ne laisse pas souvent d'être infidèle et à la lettre et à l'esprit de sa méthode. Il lui arrive de disserter au lieu d'observer, de préférer les généralisations hâtives aux expérimentations lentes et circonspectes.

Pendant la période des ravages du phylloxéra, quand on voyait un cep de vigne flétri, on était sûr de trouver sur les racines une colonie d'insectes parasites. Chaque fois qu'on rencontre une apologie des Grands Magasins, on découvre de même au pied un certain nombre de prétendus dogmes économiques.

Il n'est donc pas possible de pénétrer sérieusement dans l'étude du Grand Magasin et de poursuivre l'énumération de ses ravages si l'on n'a préalablement mis à nu les doctrines générales qui en forment le support.

Nous allons donc nous demander successivement, d'abord ce qu'il faut entendre par grand et petit magasin — ensuite ce que l'économie politique dit en faveur du grand magasin — enfin ce que l'expérience désintéressée et scientifique nous apprend de ce même grand magasin.

I

LE PETIT MAGASIN — LA SPÉCIALITÉ

Les expressions de petit et de grand magasin ont le défaut d'être mal choisies, de ne contenir qu'une indication générale, de ne pas renfermer en elles-mêmes une définition précise. D'après l'usage courant, le petit magasin pourrait être, en effet, celui dont le chiffre d'affaires serait peu élevé ; le grand sera celui dont le chiffre d'affaires serait très élevé.

Mais aujourd'hui, quand on parle des petits magasins, on considère beaucoup moins leur chiffre d'affaires que leur spécialité. Le petit magasin est celui dans lequel on ne trouve qu'un commerce, qu'une spécialité, deux ou quatre au plus ; le grand magasin est celui qui groupe dans un seul local cent spécialités différentes.

Cette façon de rapprocher dans un seul établissement cent commerces divers est un phénomène économique de date assez récente. Il ne remonte guère au delà d'une cinquantaine d'années.

Pendant toute la durée du moyen âge et la période des temps modernes, la France a vécu sous le régime des spécialités. Un mercier se contentait d'être mercier ; un bonnetier n'était que bonnetier ; un parfumeur ne vendait que de la parfumerie ; un papetier ne faisait pas d'infidélités à la papeterie. Un marchand de nouveautés ne vendait pas des bottes et des caleçons de bain.

A chacun son métier, disaient nos pères très sensés, et les troupeaux seront bien gardés. Si le berger empiète sur le maître d'école et si le maître d'école aspire aux plaisirs de la bergerie, les bêtes communales se répandront dans les champs et les écoliers sauteront par les fenêtres.

A chacun son métier ! C'est la condition première du bon exercice des métiers. Chaque esprit, si bien doué qu'on le suppose, a d'inévitables limites. Les Pic de la Mirandole dissertant de tout et de beaucoup d'autres choses encore, sont rares, fort heureusement. Notre siècle de spécialisation scientifique les considérerait comme des déclamateurs sans savoir précis, comme des sophistes sans autorité.

La science se fait d'observations rigoureuses et non de généralisations brillantes. Le champ du savoir s'étendant de siècle en siècle, il n'est plus donné à personne de le parcourir entièrement. On est tenu de dresser sa tente en un point particulier pour consacrer sa vie entière non plus à la science, mais à une fraction de science.

La division du travail, poussée quelquefois au delà de ses limites naturelles, est la loi de l'industrie moderne comme de la science. Elle devrait être aussi celle du commerce, qui n'a jamais présenté des difficultés aussi grandes que de nos jours.

La chimie a, en effet, modifié radicalement la fabrication des fils de coton et de laine, des étoffes, des cuirs, de tous les objets usuels. Les qualités communes, d'apparence trompeuse, ont pris place à côté des qualités supérieures, dont il est devenu difficile de les distinguer.

Le client n'ayant ni le temps ni le désir de faire son éducation sur tous ces points, doit trouver dans le commerçant un guide qui le supplée, qui se renseigne pour lui, qui sache se munir d'une bonne éducation d'acheteur.

Or, pour être sérieuse, cette éducation a besoin de ne pas être encyclopédique. On peut apprendre un ou deux métiers : on ne peut pas se familiariser avec cent.

Dans l'ancien magasin de nos pères, ouvert à la vente d'une seule spécialité, le futur directeur consacrait plusieurs années à se renseigner sur les altérations possibles du produit dont il se proposait de s'occuper. Une fois mis en situation de fournir à sa clientèle un article sérieusement éprouvé par lui, et dont il répondait personnellement, il devenait patron. La maison était alors dite de confiance, expression admirable qui a presque disparu de notre langue et qui ne sera plus qu'un non-sens dans vingt ans, si l'on n'y prend garde.

Aujourd'hui déjà, l'acheteur, toujours pressé, paraît médiocrement soucieux de la qualité des produits mis en vente. Le bon marché immédiat le préoccupe avant tout, bon marché qui est souvent un trompe-l'œil et un leurre. Rien souvent n'est aussi cher que le bon marché, a dit la sagesse des nations.

Voici, en effet, deux brosses mises en vente, l'une dans un magasin de spécialité au prix de trente sous, l'autre dans un bazar au prix de dix sous. Si l'une dure deux ans, et la seconde trois mois, la première, qui aura été en apparence la plus chère, sera en réalité la moins chère, puisque dans le même temps que j'aurai dépensé pour l'une trente sous, j'aurai dû dépenser pour l'autre dix sous par trimestre, soit deux francs par an, soit quatre francs pour deux ans.

La durée ne saurait donc être considérée comme une quantité négligeable, quand il s'agit d'apprécier le bon marché réel. Nous savons que les acheteurs modernes ne s'en préoccupent que médiocrement, mais nous sommes persuadé aussi que c'est précisément parce qu'ils ne s'en soucient pas assez que, tout en paraissant acheter une foule d'objets meilleur marché qu'autrefois, ils ne se trouvent pas plus riches au bout de l'année et même persistent à se plaindre des difficultés croissantes de l'existence.

On veut bien reconnaître toutefois que le patron d'un petit magasin, homme connu, respectable, qui vend souvent son produit lui-même, qui en est responsable, auquel on est libre de venir adresser des reproches si la marchandise livrée ne nous donne pas entière satisfaction, offre plus de garanties que le directeur d'un grand magasin, qu'on n'aperçoit jamais au milieu de sa légion d'employés, qui vit loin d'eux dans une habitation fastueuse, à la façon des monarques d'Orient, invisibles dans leur palais et commandant autocratiquement à leur peuple par l'intermédiaire de satrapes largement rémunérés.

Mais on passe condamnation sur cette hiérarchie compliquée et défectueuse pour adresser au commerce des spécialités, au petit magasin en un mot, un double reproche. On prétend d'abord qu'il impose à l'acheteur des pertes de temps considérables et qu'il s'impose à lui-même une inévitable augmentation de ses frais généraux.

J'ai besoin par exemple d'une paire de pantoufles, d'un savon de toilette, d'une calotte, d'une table de jeu. Il me faudra successivement aller chez le cordonnier, chez l'épicier ou le parfumeur, chez le chapelier, chez l'ébéniste. Si un seul magasin réunit toutes ces professions, mettant les pantoufles dans les calottes et les savons sur les meubles, mes achats seront opérés, je ne dis pas en meilleure qualité, mais en moins de temps.

C'est du moins ce qu'on affirme, mais sans le prouver. Assurément, si je loge porte à porte près du Grand Magasin, l'économie de temps sera réelle. Mais supposez que je demeure sur les boulevards extérieurs et que je veuille aller au Louvre. L'aller, le retour, le temps nécessaire à l'achat, l'heure préalable employée à la toilette si on est femme, prendront une après-dîner. L'achat dans quatre petits magasins situés non loin de l'acheteur n'aurait pas demandé une heure.

Que dire de la prétendue économie des dames de la province, qui dépensent trois ou quatre cents francs dans un voyage de Paris spécialement entrepris pour l'achat d'une robe et d'un manteau qu'elles ont l'espérance, d'ailleurs peu certaine et peu justifiée, de payer quelques francs de moins que chez leur tailleuse ordinaire ?

Quant à l'économie des frais généraux, dont les Grands Magasins se vantent de faire profiter ensuite leur clientèle, elle n'est pas plus prouvée que celle du temps. Le grand magasinier paie assurément moins d'impôts que le petit, puisque le droit fixe pour l'homme qui gère cent commerces est le même que pour celui qui n'en exerce qu'un. Mais cette injustice, cette iniquité ne dureront pas et le monstrueux article 7 de la loi du 15 juillet 1880 sera prochainement aboli.

Cent commerces réunis dans le même établissement paient de même un loyer moins fort que cent autres commerces exercés dans des locaux distincts. Mais, là encore, la loi sur la taxe proportionnelle des valeurs locatives peut rétablir un équilibre commandé par la justice.

Il faut enfin moins d'employés pour gérer cent commerces réunis que pour administrer les mêmes commerces disséminés dans cent locaux. Tel grand magasin se vante de faire avec trois mille employés, dont il n'avoue du reste que mille au fisc, en le fraudant de la taxe sur deux mille, de faire, dis-je, avec ces trois mille employés, le même chiffre d'affaires que quatre mille petits magasins avec trois employés par magasin.

Il ajoute tout de suite, il est vrai, que sa bienveillance touchant à la magnanimité, ses trois mille employés lui coûtent plus cher que douze mille. Aux chefs de rayons, il assure des traitements de généraux de division et de commandants de corps d'armée. Aux collaborateurs inférieurs, il distribue des gratifications retentissantes dont la presse reçoit l'écho.

Beaucoup d'employés sont actionnaires dans la maison, c'est-à-dire associés à ses bénéfices et à ses pertes, liés à elle dans la bonne et la mauvaise fortune. Pour les nourrir, on ouvre des réfectoires avec une pâtée alimentaire préparée selon les prescriptions de l'hygiène la plus scrupuleuse. Pour les égayer, on crée des fanfares et on distribue des trombones gratuits à ceux que séduit l'amour de la grande musique.

Si bien que, tout compte fait, le prix de l'employé du Grand Magasin, trombone compris, reviendrait à la maison beaucoup plus cher que celui de trois ou quatre employés de petits magasins, ce qui réduirait à néant, de l'aveu même des intéressés, la prétendue économie de frais généraux réalisée par les bazars encyclopédiques.

A un avocat qui admirait beaucoup le fonctionnement des Grands Magasins, j'entendais répondre dernièrement : Que ne créez-vous les Grands Magasins de l'Éloquence, le superbe et moderniste bazar du Barreau ? — Je ne vous comprends pas, répondit l'avocat. — C'est pourtant bien simple, lui riposta-t-on.

Un procès est suspendu sur ma tête. En même temps, la dernière molaire de ma joue gauche me fait souffrir. Mon petit dernier a la coqueluche et ma femme voudrait une pelisse. Supputez les pas, les courses, les démarches qu'il va me falloir entreprendre pour satisfaire à ces diverses exigences. Je suis tenu d'aller successivement chez l'avocat, chez le dentiste, chez le pharmacien, chez la tailleuse. C'est une demi-journée perdue.

Supposez que mon avocat, au lieu d'être l'homme d'une profession exclusive, ait en lui l'étoffe d'un grand magasinier. Il ne se contentera pas de me donner une consultation sur mon procès. Il m'arrachera encore ma dent et me prendra mesure de souliers. Son cabinet contiendra une petite pharmacie. Son code se doublera d'un codex ; il me préparera simultanément des conclusions et un liniment. Dans une salle voisine, il pourra tenir des manteaux de dames et des vestons fin-de-siècle. Ce sera d'une complication charmante, qui donnera tout à fait l'illusion d'un grand magasin.

Une ère nouvelle commencera pour l'humanité perfectionnée. Toutes les anciennes spécialités seront mêlées et confondues. Les avocats arracheront des dents. Les dentistes se serviront de leurs râteliers pour plaider à bouche que veux-tu. Les pharmaciens donneront des consultations de droit et les modistes glisseront leurs jolis doigts alertes dans les grosses pages de Dalloz. Chaque homme sera capable de tout en général et de rien en particulier. Nous retournerons tranquillement à l'âge d'or où la division du travail était inconnue, à l'époque bénie où Adam et Ève ouvraient le premier magasin général, s'approvisionnant au même arbre de pommes pour se nourrir et de feuilles pour se décorer, en attendant M. Jaluzot.

II

LE GRAND MAGASIN

Le Grand Magasin est fondé sur un principe unique qu'il est possible de formuler ainsi : « Vendre la majorité des articles plus cher que les petits magasins, tout en persuadant au public que tout lui est vendu meilleur marché. »

Ce que le Grand Magasin poursuit, ce n'est donc pas le bon marché réel : c'est simplement le bon marché apparent. Il procède à la façon de l'hypnotisme, qui réussit quelquefois à persuader à un malade que le verre d'eau qu'on lui met en main est du champagne ; le patient, le croyant sincèrement, finit par se griser d'un Clicquot imaginaire.

Avant de jeter sa ligne en un point de la rivière, le pêcheur avisé commence par semer à cet endroit quelques poignées de chènevis ou d'autre amorce. Le poisson affriandé accourt ; il est amorcé ; il mord ; il est mordu. C'est tout à fait la façon de procéder des Grands Magasins.

On met en vente un article dit sacrifié, c'est-à-dire ostensiblement offert au-dessous du cours, souvent même au-dessous du prix de revient. La foule, attirée par ce bon marché apparent, accourt : elle se jette sur l'article ; elle mord à l'hameçon. Le Grand Magasin la tient ; il ne la lâche plus. Elle est obligée alors d'acheter non seulement le produit sacrifié, mais encore d'autres articles au besoin majorés.

L'art du grand magasinier est de multiplier les tentations sous les yeux de l'acheteur suggestionné, congestionné, ahuri. L'artillerie moderne a imaginé les feux convergents, ceux de batteries postées sous des angles variés et aboutissant toutes à un obstacle unique qu'il s'agit de raser.

Le Grand Magasin, c'est de l'artillerie commerciale convergente. Cent comptoirs divers sont braqués sur l'acheteur démonté et font simultanément feu sur le pauvre homme. Les obus pleuvent et s'il échappe à un éclat, il tombe infailliblement sous l'autre.

Un négociant en épicerie voulut un jour amener la clientèle dans son magasin en frappant devant sa porte un fort coup de grosse caisse. Il passa en revue les diverses marchandises qu'il mettait en vente et se demanda en se frappant le front : Laquelle vais-je vendre au-dessous du prix de revient ?

Il opta pour le sucre. C'est un produit de consommation courante. Il le mit en vente à un prix qui défiait toute concurrence. Il le vendit à cinq centimes au-dessous du cours du gros. La foule afflua dans ses magasins. Une fois qu'il la tint, il sut la retenir. Profitant du préjugé favorable créé en sa faveur par le sucre, il écoula cent autres articles divers à des prix largement rémunérateurs pour lui, mais bénéficiant néanmoins, aux yeux du public, du voisinage du sucre.

Le courant était créé : la foule croyait au bon marché de la maison ; elle se trouvait hypnotisée. Le but était atteint. La vente dite « à la gâche » était créée. On « gâchait » un article pour en placer avantageusement cent autres.

On met en vente un article visiblement sacrifié, des gants, par exemple, qui, au sortir de la fabrique, coûtent trois francs. On les étiquète à deux francs soixante-quinze. La foule accourt. On lui vend des gants sur lesquels on perd, mais on lui glisse aussi beaucoup d'autres articles sur lesquels on se rattrape largement.

Le rapprochement et la juxtaposition de cent objets divers dans les mêmes magasins ne méritent pas, en effet, les éloges que lui décernent si libéralement les économistes. La prétendue économie de temps que le visiteur réalise sur ses achats en les opérant tous dans le même établissement est largement compensée par les heures perdues à circuler au milieu de la foule, à considérer les étalages sans fin, à s'emplir les yeux d'une quantité d'images obsédantes, à se laisser hypnotiser par la variété de la mise en scène, à succomber enfin à la tentation d'acheter des objets pour lesquels on n'était pas venu et dont on n'a nul besoin.

Le groupement de cent commerces divers a pour premier inconvénient de provoquer les femmes à la dépense. Séduites par le bon marché apparent de certains articles, beaucoup de dames ne songent plus à mériter le beau nom de ménagères, dont on louait leurs aïeules, les femmes de France économes, qui ont fait jadis la bourgeoisie ce qu'elle fut aux heures héroïques de notre histoire ; elles ne ménagent plus ni leur porte-monnaie, ni celui de leur mari. L'une d'elles, particulièrement hypnotisée, disait : « Quand j'entre dans un Grand Magasin, j'ai le sentiment d'une légère griserie ; l'idée me vient de tout emporter. »

Et de fait, les vols ne sont nulle part plus nombreux, même proportionnellement, que dans les Grands Magasins. La séduction qui se dégage de tant de tentations superposées est trop capiteuse ; les consciences faibles n'y résistent pas.

On nous a signalé dernièrement la femme d'un ouvrier qui, au lendemain de la paie de son mari, s'en était allée dans un bazar-omnibus pour acheter un pot à eau. Elle emportait dix francs dans son porte-monnaie. En ouvrant celui-ci pour payer son pot à eau, elle s'aperçut qu'il était quelque peu défraîchi aux angles, et comme d'autres flambant neufs lui souriaient, elle en acheta un de treize sous. Treize sous ! C'était pour rien, n'est-ce pas ? Puis elle aperçut des brosses à soulier d'un bon marché irrésistible ; elle n'y résista pas. Sans doute, les anciennes, à la maison, pouvaient encore servir, mais pendant qu'on était occupé à faire des acquisitions, pourquoi ne pas les réaliser toutes à la fois ? Dépenser beaucoup et simultanément, n'est-ce pas là une économie, d'après les indications mêmes des économistes, partisans des Grands Magasins ? Bref, la femme de l'ouvrier rentra chez elle, allégée de ses dix francs et surchargée de menus objets parfaitement inutiles, de chromo-lithographies niaises et de chats en faïence grossière, destinés à représenter sur sa cheminée la tradition esthétique.

Il est à craindre, cependant, que les tribunaux de commerce ne partagent pas l'admiration de l'économie politique pour les procédés de vente usités dans les Grands Magasins. La justice consulaire qui n'est pas encore fin-de-siècle, heureusement, se montre la fidèle gardienne d'un certain nombre de principes qu'elle considère comme la garantie de la probité commerciale.

Un de ces principes est la défense expresse de mettre en vente un produit quelconque au-dessous du prix réel d'achat. Supposez, en effet, qu'un négociant soit forcé de demander la liquidation judiciaire ; le juge-commissaire procédera à l'examen de ses livres, et s'il constate que le requérant a sans cesse vendu au rabais sans se préoccuper du prix de revient, il adressera à cette gestion plus qu'imprudente le blâme le plus sérieusement motivé.

Vendre au-dessous du prix d'achat, sacrifier vingt articles simultanément, ne ressemble pas, dira-t-on, à la méthode des Grands Magasins, qui ne sacrifient qu'un article à la fois. Dans les Grands Magasins, l'article unique n'est sacrifié qu'en apparence, puisqu'il permet ensuite, l'acheteur une fois venu, de lui vendre au-dessus du cours une foule d'autres objets qui bénéficient du préjugé de bon marché fort habilement répandu à la façon des prestidigitateurs forains. M. Levillain citait dernièrement une qualité de ruban vendu 1 fr. 40 c. le mètre dans les petits magasins de Rouen et coté 1 fr. 90 c. le mètre dans un Grand Magasin de Paris.

Pour être soigneusement limité à quelques articles, l'usage du produit sacrifié n'en est pas moins fâcheux, parce qu'il gagne de proche en proche. Le petit commerçant, qui ne se résigne pas à fermer boutique, et qui a raison de ne pas se résigner, est amené par les sollicitations de sa clientèle spéciale, à diminuer le tarif de ses prix courants en se guidant sur ceux du Grand Magasin. Le régime du produit sacrifié s'étend de l'un à l'autre, mais la perte que supporte facilement le grand écrase le petit.

Nous assistons donc à une véritable entreprise de démoralisation de notre commerce national. Et ce qu'il y a de grave, c'est que cette diminution de la valeur morale de notre monde des affaires est la conséquence inévitable d'une loi votée par les Chambres et encourageant la fondation des Grands Magasins. Le législateur de 1880 a décidé, en effet, que lorsqu'un négociant ouvrirait un magasin pour y mettre en vente un produit unique, il serait tenu de payer à l'État un droit fixe, mais que lorsqu'un autre négociant créerait un entrepôt général pour y exercer cent commerces réunis, il ne serait assujetti également qu'à un seul droit fixe.

Le principe de la proportionnalité qui, en matière fiscale, est le principe même de la justice, a été violé par le Parlement au. profit des grandes agglomérations commerciales. La loi a décidé qu'elles seraient l'objet de ses faveurs spéciales, qu'elles ne paieraient que le moins possible d'impôts. C'est donc un encouragement tacite, mais formel, qu'elle a constitué en faveur des Grands Magasins.

Le petit commerçant se trouve de la sorte placé entre des injonctions singulièrement contradictoires. Tâche de t'agrandir, lui dit la Chambre ; à ton commerce unique, joins en vingt autres ; enrichistoi par la juxtaposition des métiers les plus divers, lors même que tu n'y entends rien ; plus tu feras d'affaires, moins tu paieras proportionnellement, car dans une société démocratique comme la nôtre, la justice renversée et marchant la tête en bas exige que les pauvres paient beaucoup plus que les riches.

Le tribunal de Commerce lui tient un langage tout à fait différent. Sois prudent, lui dit-il, car en notre époque de fluctuations commerciales, on ne sait jamais si la mauvaise fortune ne nous obligera pas quelque jour à déposer notre bilan. Conduis-toi avec tes amis comme s'ils devaient être un jour tes ennemis, disait la sagesse antique. Gère ta maison pendant la bonne fortune comme si ta maison devait un jour connaître la mauvaise. Ne vends jamais un article au-dessous du prix de revient, car cette façon d'opérer illicite constituerait pour toi une aggravation de responsabilité.

Si, oscillant entre ces conseils singulièrement contradictoires, le commerçant se tourne vers les Sybilles de l'économie politique pour recueillir les oracles de leur trépied, il entend des voix concertantes qui s'élèvent pour chanter unanimement les louanges du produit vendu au-dessous du prix coûtant, pour entonner l'hosanna de l'article sacrifié ! Vendre à bon marché, toujours meilleur marché, sans aucune autre considération que le bon marché toujours croissant, voilà, disent-elles, la loi et les Prophètes.

<h2 style="text-align:center">III</h2>

LE BON MARCHÉ ABSOLU — CONSOMMATEUR ET PRODUCTEUR

Les deux axiomes sur lesquels repose l'édifice de l'ancienne économie politique, peuvent se résumer pour la précision du débat dans les deux formules suivantes :

1° L'intérêt du consommateur doit, en toute circonstance, primer celui du producteur, parce qu'en toute industrie, le nombre des consommateurs d'un article est toujours plus considérable que celui des producteurs de cet article, parce qu'il y a plus de gens qui portent des chaussures que de gens qui en font. En cas de conflit entre le consommateur et le producteur, le législateur a le devoir d'intervenir en faveur du consommateur, de prendre position contre le producteur. Par conséquent, les Chambres peuvent fort bien dispenser d'une partie de l'impôt les Grands Magasins, non pas dans l'intérêt de ceux-ci, mais pour le bien des consommateurs qui s'approvisionnent à leurs comptoirs.

2° Le bon marché absolu, progressif, toujours descendant, allant toujours plus loin, toujours plus outre, est la loi suprême du commerce et de l'industrie. Achète bon marché, est le seul commandement que, d'accord avec l'égoïsme individuel, donne l'économie politique. Quoique cette science se dise une science morale, c'est une simple façon de parler ; au fond, la morale lui est totalement étrangère. Elle ne connaît pas la justice, la solidarité. L'intérêt seul, l'intérêt purement égoïste, forme son domaine.

Constatons d'abord que la distinction fameuse du consommateur et du producteur est une vue purement artificielle de l'esprit et ne correspond à aucune réalité observable.

L'expérience ne nous montre nulle part une humanité divisée en deux groupes distincts, consommateurs d'un côté et producteurs de l'autre. La vérité est que la fonction de consommateur et celle de producteur sont toujours réunies dans le même individu.

Pour les séparer, il faudrait s'élever jusqu'à la candeur automatique du parfait douanier dont parlait un jour M. Pouyer-Quertier. Quelle conscience dans le corps des douanes lorsqu'il s'agit de réunir les éléments d'information pour l'établissement de la balance du commerce, de relever le total des entrées et des sorties ! Je place un douanier à ma porte. Un ami entre. Le bon douanier inscrit : *un ami*. Mon ami sort. Le douanier inscrit : *deux amis*. Et voilà comment on dresse les statistiques économiques et comment on construit les théories où l'on distingue le consommateur du producteur.

Il n'est personne qui ne consomme et en même temps ne produise. Pour avoir le droit de consommer, il faut avoir préalablement produit. Je ne puis m'asseoir à table pour dîner, je ne puis commander un veston à mon tailleur, une paire de chaussures à mon cordonnier, sans avoir antérieurement travaillé par moi, ou par les miens, sans avoir fourni une quantité de travail équivalente à celle que je vais exiger de mes fournisseurs.

Il existe donc en chacun de nous un consommateur et un producteur qui vivent côte à côte, inséparables, et néanmoins en lutte. Je sens deux hommes en moi, et ces deux hommes sont d'un avis diamétralement opposé : l'un ne partage jamais le sentiment de l'autre.

Poussé par un instinct de naturel égoïsme, le consommateur qui

3

est en nous désire impérieusement consommer le plus possible, et par conséquent au meilleur marché possible, pour augmenter ses jouissances. Mais le producteur qui est en nous entend vendre ses produits le plus chèrement qu'il pourra ; si bien que nous fixerons, pour un seul et même produit, un prix très bas si nous sommes acheteur, et un prix très haut si nous sommes vendeur.

Très naïvement, nous demandons à nos semblables de travailler un peu plus pour nous que nous ne travaillons pour eux. Il nous plairait de retirer du fonds social, pour nos produits, une part supérieure à celle que nous y apportons.

Ce qui met heureusement un frein à nos exigences de bon marché excessif comme consommateur, ou à nos désirs de cherté croissante comme producteur, c'est précisément le spectacle instructif du dualisme humain qui fonctionne en nous sous nos yeux.

Le vendeur qui est en nous a seul qualité pour restreindre les exigences de l'acheteur, et l'acheteur que nous sommes peut seul donner des conseils de modération au vendeur.

Si nous exigeons tout des autres à un bon marché excessif, quand nous sommes consommateur, les autres émettront la même exigence à notre endroit quand nous serons vendeur. Nous reperdrons d'un côté ce que nous aurons gagné de l'autre.

La conception très nette de notre double rôle de vendeur et d'acheteur nous conduit à l'établissement de moyennes proportionnelles où les intérêts d'autrui sont sauvegardés comme les nôtres. Plus de cherté excessive, nous ne la supporterions pas comme acheteur ; plus de baisse disproportionnée et ruineuse, nous en souffririons cruellement comme vendeur.

Notre idéal comme vendeur étant l'opposé de notre idéal comme acheteur, nous corrigeons, l'un par l'autre, ce que chacun d'eux a d'exagéré. Mais, si nous cessons d'apercevoir cette dualité correctrice et moralisatrice, notre jugement s'oblitère et notre intérêt perd son contrepoids.

Le jour où l'économie politique nous persuade que nous ne sommes que consommateur, nous nous instituons l'ennemi des vendeurs et comme nous sommes toujours vendeur de quelque chose, même de science dans les chaires de l'État, nous devenons l'ennemi de nous-même.

Nous fermons systématiquement les yeux sur toute une partie de notre activité individuelle. Nous ressemblons à un commerçant prodigieusement naïf qui, pour établir sa comptabilité, croirait qu'il suffit de transcrire ses ventes sur son grand-livre sans jamais reporter ses achats.

Il suit de là, qu'en adoptant, comme idéal social unique, le bon marché toujours croissant, l'ancienne économie politique a méconnu la moitié des phénomènes sociaux. Elle n'a vu que le côté consommateur et n'a pas consulté le côté producteur. Elle a supprimé d'un seul coup tous les faits qui la gênent.

Nous nous garderons de tomber dans une erreur inverse en nous plaçant exclusivement au point de vue du producteur et en négligeant le côté consommateur qui est en chacun de nous. Nous ne réclamons pas un renchérissement général par cela même que nous n'admirons pas la théorie de la baisse à tout propos et même hors de propos.

Ce que nous demandons seulement, c'est que le législateur ne soit pas dupe de l'illusion d'une économie politique archaïque et démodée ; c'est qu'il n'accepte pas comme un dogme la théorie du bon marché absolu, parce que, comme l'a dit la sagesse affinée du bonhomme Franklin, rien souvent n'est plus cher que le bon marché. Que de ruines sociales a plus d'une fois consommées la poursuite d'un bon marché non justifié !

Qu'il soit à désirer que les objets nécessaires à la vie soient d'un prix de plus en plus accessible au grand nombre, rien de plus juste et de plus naturel ; mais il faut que la baisse du prix soit obtenue par des améliorations dans la production mécanique et non par l'abaissement des salaires.

Autrement le bon marché de l'un se traduirait par la famine de l'autre.

Vous entrez dans un Grand Magasin et vous émettez le désir

d'obtenir pour huit francs une paire de chaussure payée seize jusqu'alors.

Si le grand ou le petit magasin peuvent vous vendre cette paire
huit francs sans baisser le prix de la main-d'œuvre, j'approuve la
baisse, mais si la baisse résulte des conditions léonines imposées à
l'industrie par le Grand Magasin, et si l'industrie a dû diminuer
la rémunération de la main-d'œuvre, qu'est-ce que ce bon marché
apparent représente ? Une iniquité sociale monstrueuse.

Une violation des lois du contrat de société qui veut que pour
une certaine quantité de travail fourni, une quantité équitable d'argent soit donnée.

La personne qui achète pour huit francs une paire de souliers
qui, hier, en valait seize, réalise une économie de deux heures de
travail si elle est professeur et si elle donne des leçons à quatre
francs l'heure.

Mais en revanche, elle impose à l'ouvrier cordonnier l'obligation
de travailler huit heures de plus pour regagner l'équivalent du
travail perdu.

La théorie du bon marché absolu et exclusif de toute considération de justice sociale équivaut donc à cette énormité d'alléger les
épaules les moins chargées pour ajouter au fardeau des épaules déjà
surchargées, de faire travailler un peu plus ceux qui travaillent déjà
beaucoup, et de faire travailler un peu moins ceux qui trouvaient
dans leur travail une rémunération de beaucoup supérieure à celle
des ouvriers manuels.

A côté du bon marché que l'ancienne économie politique nous
présentait à tort comme l'unique rôle de la constitution sociale, il
faut donc introduire un facteur nouveau, celui de la justice, ou si
l'on aime mieux de la solidarité sociale.

L'économie politique nous vient, ne l'oublions pas, de la Grande-
Bretagne. Elle est le produit d'une race dure, énergique assurément, mais égoïste, qui a inventé la formule : « L'homme est un loup
pour l'homme », qui a voulu introduire dans la société humaine la loi

des sociétés animales, la bataille pour la vie avec l'égoïsme féroce pour règle unique.

Un des derniers moralistes de l'Angleterre contemporaine a formulé toute la combativité égoïste de sa race dans le conseil suivant qu'il présente comme le secret assuré du bonheur : « Ne balaie jamais la neige devant la maison d'autrui. »

La vieille économie politique, d'origine anglaise, nous crie de même sous toutes les formes : « Agis dans la vie comme si tu étais seul au monde. Tu n'as à tenir compte que des intérêts d'un seul homme : des tiens. Cherche à t'enrichir, fût-ce en ruinant tous les autres hommes. Le bon marché est la seule règle. N'aie d'yeux que pour elle et fais tout pour qu'elle règne de gré ou de force.

Deux négociants t'offrent une paire de gants ; l'un, directeur d'un grand magasin, te les présente à deux francs ; l'autre, ton voisin, patron d'un petit magasin, à deux francs vingt-cinq. Il y a vingt-cinq centimes de différence : empoche-les sans aucune considération de qualité et de durée du produit.

Ne te demande pas ce que deviendront les patrons des petits magasins ruinés. Le char du progrès roule sur des cadavres et c'est à tort qu'on dit que les sacrifices humains sont supprimés depuis l'établissement du Christianisme.

Que t'importe le petit magasinier ? Tu n'as point à t'occuper de de lui, mais de toi uniquement. Tu es seul au monde ou du moins l'ancienne économie politique exige que tu agisses comme si tu l'étais.

Pourvu que tu trouves une diminution réelle ou seulement apparente dans les Grands Magasins, prends parti pour eux contre les petits. Ainsi le veut ton intérêt, et ton intérêt immédiat est le seul qui compte.

Garde-toi bien de te poser à ce propos le grand problème social de la répartition du travail et des profits entre les différents groupes humains. Ne t'attarde pas à te demander ce que deviendront ces milliers de petits négociants qui, frappés et tués par une concurrence meurtrière, devront chercher des moyens d'existence dans une profession nouvelle.

Ne t'arrête pas à chercher quelle position nouvelle pourra les recevoir, toutes les professions étant déjà notoirement encombrées et regorgeant ? Jette volontairement un voile sur les tristesses et les désespoirs de ces déplacements, de ces exodes douloureux à la recherche d'un gagne-pain qui se dérobe, les souffrances aussi de ceux dont le métier à déjà trop d'occupants et qui sera occupé encore davantage, et où se produira une inévitable baisse de salaires.

Loin de t'attendrir sur ces misères, réjouis-toi plutôt d'elles puisqu'elles auront pour résultat de diminuer de quelques centimes par jour tes dépenses comme consommateur. Achète donc sans scrupule ta paire de gants dans le Grand Magasin et associe-toi allègrement à ceux qui complotent la ruine des petits.

Voilà le langage que tient l'ancienne économie politique : c'est celui même que nous adresse d'ordinaire l'égoïsme naturel et instinctif avec lequel l'économie politique fait évidemment double emploi. Mais ce n'est pas le langage d'une raison avisée et prévoyante.

Celle-ci ne saurait oublier, en effet, que si nous sommes consommateur de gants, nous sommes producteur d'autre chose et que le bon sens nous conseille d'établir une balance entre ces divers intérêts.

J'admets que si nous n'étions que consommateur, le bon marché absolu risquerait de primer toute autre considération. Mais nous sommes aussi producteur. L'acheteur est chez nous doublé d'un vendeur, et le premier commet une faute incalculable lorsqu'il oublie l'existence du second.

Revenons à notre exemple de la paire de gants. La personne qui va l'acheter dans un Grand Magasin, au lieu de s'adresser à un petit, est ou bien : 1º Un négociant, 2º un propriétaire, 3º un professeur ou un fonctionnaire, 4º un ouvrier.

Pour le négociant, la question sera vite résolue. Si le patron d'un petit magasin invoque le droit de se fournir lui-même chez les grands, sous prétexte d'un bon marché apparent, tous les autres négociants auront le droit d'alléguer la même excuse. L'épicier se fournira de ganterie dans les Grands Magasins, mais le gantier, à son tour, s'approvisionnera chez eux d'épicerie. Faute de se soutenir, les petits négociants travailleront donc à la ruine les uns des autres. Sous prétexte de réaliser deux ou trois fois par an une économie de vingt-cinq centimes sur une paire de gants, ils mettront en fuite leur propre clientèle.

Je cherche, sans le trouver, le bénéfice de cette opération. Perdre sa clientèle pour réaliser une épargne de quelques centimes, c'est peut-être de l'économie dite politique, mais ce n'est assurément pas de l'économie.

Sans compter qu'il y a quelque impertinence à prétendre, lorsqu'on est commerçant, que les autres commerçants ont le devoir de venir s'approvisionner chez vous, mais qu'en échange vous avez le droit de ne pas vous approvisionner chez eux.

Ne fais pas à autrui ce que tu ne voudrais pas qu'on te fît. Si tu désapprouves le commerçant voisin, qui se fournit dans le Grand Magasin, ne porte pas toi-même ton argent au Grand Magasin.

La solidarité la plus élémentaire commande donc à tous les petits négociants le groupement le plus étroit, leur interdit absolument tout achat dans les Grands Magasins.

Il en est de même pour le propriétaire, pour l'architecte, pour l'entrepreneur, pour toutes les industries du bâtiment. La ruine du petit commerce a pour conséquence, dans les villes de province surtout, l'abandon de beaucoup de magasins, qui ne trouvent plus preneurs.

Quand l'écriteau *A louer* se balance sur sept ou huit magasins par rue, comme nous l'avons constaté nous-même à Nancy, qui pourtant passait jusqu'à présent pour une ville prospère, la baisse générale des loyers s'impose. Le propriétaire a gagné vingt-cinq centimes sur une paire de gants achetée au Louvre, mais il a perdu cinq cents francs de location par an. L'admirable opération !

Les petits magasins emploient souvent des ouvriers appartenant aux corporations du bâtiment. C'est un papier neuf à poser, des boiseries à peindre, des serrures à ajuster, des plafonds à repiquer. Toute une série de réparations, aujourd'hui fructueuses pour les ouvriers du bâtiment, et qui leur feront cruellement défaut, quand des rues entières seront abandonnées par les petits commerçants.

Les professeurs de la Faculté, du Lycée ou du Collège souffriront à leur tour. Une des sources les plus ordinaires du recrutement des maisons d'instruction, c'est le petit commerce. Les militaires, les fonctionnaires ont des bourses pour leurs enfants. Le petit commerçant paie pour les siens. Lorsqu'il sera forcé d'abandonner la lutte devant le Grand Magasin, ses enfants ne pourront plus poursuivre leurs études. Le Lycée se videra à vue d'œil et, en attendant la fermeture, les professeurs donneront moins de leçons particulières. Ils auront gagné cinq sous sur une paire de gants, mais ils verront leur budget total diminué de deux ou trois mille francs. Oh ! la belle, merveilleuse, éblouissante économie politique qui les conduit à ce résultat !

Quant à l'ouvrier, est-il besoin de démontrer longuement qu'en entrant dans le Grand Magasin il se laisse attirer par l'appât du bon marché apparent et jeter au cou un lasso qui tôt ou tard l'étranglera.

Le Grand Magasin ne peut, en effet, lui vendre meilleur marché qu'en payant moins cher l'industriel chez lequel il fait ses commandes, de sorte que l'industriel, à son tour, est obligé, sous peine de ruine, de réduire les salaires.

Dante inscrit sur la porte de son enfer : Ici finit l'espérance. L'ouvrier devrait écrire sur la devanture du Grand Magasin : Ici se complote la diminution quotidienne de mon salaire ; ici se prépare la réduction incessante de mon morceau de pain.

La source des bénéfices des Grands Magasins n'est pas, en effet, comme on l'a dit, dans la concentration de cent commerces réunis et dans une économie des frais généraux. Les frais généraux et le coulage sont énormes, au milieu de ces immenses caravansérails où la surveillance devient nominale et le contrôle absolument fictif.

Le bilan de la Société du *Printemps*, à Paris, pour l'exercice

1890-91, nous présente un bénéfice brut de 9,513,014 fr. 17 et des frais généraux s'élevant à 7,184,243 fr. 28.

Les frais généraux ne constituant pas pour les Grands Magasins une source de bénéfices, il faut chercher le profit ailleurs : on le trouve d'abord dans une situation fiscale privilégiée, puisqu'en vertu de l'article 7 de la loi de 1880 sur les patentes, le Grand Magasin ne paie qu'un droit fixe, même lorsqu'il réunit cent industries différentes dans le même local ; ensuite on le réalise dans la diminution du prix des achats.

En vertu du principe qui veut que l'acheteur en gros soit privilégié, obtienne un prix de faveur, le Directeur du Grand Magasin convoque les différents industriels qui sollicitent l'honneur de ses commandes ; il ne discute pas un marché ; il impose ses conditions.

Une marchandise qui lui a été vendue jusqu'à présent au prix de douze francs est tout à coup cotée par lui huit francs. Cette baisse énorme ne laisse plus à l'industriel de quoi même couvrir ses dépenses de main-d'œuvre. Il le fait remarquer au grand magasinier, avec preuves à l'appui.

Celui-ci ne se laisse point attendrir. On lui a répété sous trop de formes, dans les ouvrages classiques de l'ancienne économie politique, que le terrain des intérêts n'est jamais celui de l'attendrissement. Il insiste donc froidement pour obtenir à huit francs ce qui en coûte plus de huit. L'industriel, à demi étranglé, devient suppliant. Le grand magasinier reste impassible.

C'est à prendre ou à laisser, dit-il d'une voix brève. Voici, du reste, des lettres d'Allemagne ; vous pouvez en prendre connaissance. L'étranger m'offre un produit similaire, aux conditions que je vous fais.

Si l'industriel a des échéances pressantes, s'il redoute quelque temps de chômage, il passe sous les fourches caudines du grand magasinier. Sans doute, il ne réalisera aucun bénéfice ; il perdra même quelque peu, mais il fera entendre raison à ses ouvriers ; il leur demandera de s'associer à sa perte ; il réduira le salaire.

*

Et quand le salaire sera réduit, le grand magasinier ne se contentera pas de voir ses bénéfices augmentés des souffrances et des privations de l'ouvrier ; il voudra se parer, aux yeux de la foule, du titre de bienfaiteur du peuple. Il se présentera comme représentant du principe démocratique du bon marché et les économistes le loueront d'avoir la générosité de donner du travail aux ouvriers.

« Avant les Grands Magasins, a écrit l'un d'eux, les chômages se produisaient assez fréquemment dans certaines industries de luxe, notamment à Lyon, et à des périodes de commandes pressées succédaient des intervalles de repos absolu. Les Grands Magasins ont introduit plus de suite et de régularité dans la distribution du travail. Comme ils attendent d'ordinaire, pour envoyer leurs commandes, que l'industrie ne soit pas occupée, pour profiter de l'abaissement de la main-d'œuvre, ils font office du volant dans la machine à vapeur. Ils emmagasinent la force en temps utile pour la rendre au mécanisme dans le voisinage du point mort. »

Comparaison n'est pas raison. Le sophisme contenu dans ce parallèle est évident. Je souffre d'une névralgie : un train passe, je suis guéri de ma névralgie ; dirai-je que les wagons en marche ont une vertu curative contre les névralgies ?

Les chômages ont presque disparu dans certaines industries, par suite de la régularisation des commandes; mais cette régularisation, qui est l'effet d'une augmentation dans la consommation et d'une plus grande facilité dans les communications, provient de causes générales auxquelles les Grands Magasins sont étrangers. Il faut l'attribuer au développement croissant du bien-être, à la multiplication des voies ferrées et de la télégraphie, mais non à la concentration commerciale.

Ce qui est certain, en revanche, c'est que l'industriel a perdu la situation indépendante qu'il occupait autrefois. On ne le voit plus, comme jadis, discuter librement ses prix de vente avec les commissionnaires et les milliers de petits magasins acheteurs.

Il subit passivement les conditions qui lui sont dictées par le Grand Magasin. Celui-ci représente une trop grande force pour qu'on puisse discuter utilement avec lui. Comme ces financiers d'ancien régime qui ne trouvaient de résistance nulle part et qui entraient en maîtres à la Cour et dans les ruelles, le capital groupé derrière nos Grands Bazars modernes se sait irrésistible. Partout où il se présente, il entend voir tous les fronts se courber devant lui, toutes les volontés désarmer devant la sienne.

IV

LA LIBERTÉ DU COMMERCE ET L'ACCAPAREMENT.
LA PETITE BOURGEOISIE

Il y a liberté du commerce dans un pays, liberté réelle et certaine, lorsque les prix qui règlent les échanges dépendent d'un contrat où ni le vendeur ne fait loi à l'acheteur, ni l'acheteur n'impose sa volonté au vendeur.

En d'autres termes, la liberté générale du commerce est une résultante de la liberté des contrats.

Dès qu'il y a monopole pour un produit, accaparement pour un autre, la liberté des contrats n'existe plus.

Lorsqu'une association de capitalistes a profité d'une année de disette pour mettre la main sur le stock des blés disponibles, de façon à élever ensuite le prix de la marchandise selon les fantaisies de sa cupidité, dira-t-on que la liberté d'acheter du blé existe encore ?

La liberté de l'accaparement est donc la négation de la liberté du commerce. Le jour où le Syndicat des métaux a réussi à élever le prix du cuivre, beaucoup de fabricants de robinets ont été dans l'impossibilité de se procurer la matière première de leur industrie.

Le législateur l'a si bien compris, que la tentative d'élever arbitrairement, et en se coalisant, le prix d'une denrée quelconque, est puni d'amende et de prison par l'article 419 du Code pénal.

La libre discussion du prix des objets d'échange, voilà donc la première des libertés à sauvegarder dans un pays qui répugne à l'asservissement économique.

Peut-on affirmer que cette libre discussion existera longtemps encore avec le développement de Grands Magasins qui ont déjà ruiné la liberté de l'industrie, en lui imposant leur volonté dans la fixation arbitraire de leur prix d'achat ?

Lorsque le commerce du pays était entre des millions de mains, aucune coalition ne semblait possible, soit pour dicter la loi à l'industrie, pour réduire les salaires des ouvriers, et en même temps pour augmenter le prix de vente. En ce temps-là, selon le proverbe commun, la concurrence n'était pas une vaine formule : c'était vraiment l'âme du commerce.

Quand les petits magasins auront été tués par une centaine de grands, lorsque, sur cette centaine, les quatre-vingt-dix moins grands auront disparu sous la pression des dix plus forts, lorsque ces dix plus forts, las de se faire une guerre ruineuse, jugeront à propos de se syndiquer à la façon de la coalition sur les cuivres, que restera-t-il de la libre concurrence, et que deviendra la liberté du commerce ?

Le péril que nous signalons est si menaçant que, dans leurs heures d'expansion et de sincérité absolue, les partisans des Grands Magasins ne font aucune difficulté pour avouer leurs appréhensions et les formuler dans les journaux qu'ils rédigent.

M. Paul Leroy-Beaulieu, étudiant le nouveau régime des deux tarifs, maximum et minimum, opposé à celui des traités de commerce, plaide la cause des conventions internationales à durée fixe, en faisant remarquer que les marchés nationaux sont devenus trop étroits pour assurer le bon fonctionnement de la concurrence.

« Sur ces petits espaces (France et Allemagne), la concurrence ne peut jamais être assez éveillée et assez active. Dans la plupart des branches d'industrie, *deux ou trois grandes maisons ont une prédominance incontestée et dominent presque absolument le marché ;* même pour les industries vulgaires, dix ou douze maisons acquièrent une prédominance considérable. Rien ne leur est plus aisé que de se concerter et leur intérêt commun les y amène.

» On arrive alors à la constitution de ces Syndicats de producteurs et de vendeurs, à ces *corners*, comme disent les Américains, à ces *cartels*, comme disent les Allemands, qui non seulement exploitent les consommateurs, les traitant en serfs, mais encore, par la sécurité qu'ils donnent aux maisons associées, étouffent ou endorment l'esprit de perfectionnement. » (¹)

Possibles dans la grande industrie, ces coalitions, ayant pour objet de se rendre maître du marché, sont plus faciles encore dans le haut commerce centralisé tel que le constituent les Grands Magasins. L'heure présente est évidemment favorable à ces groupements de capitaux, formés en vue de faire la loi au producteur et de lui imposer les conditions draconiennes de l'acheteur. Le *Figaro* du 11 février 1892 publiait les doléances significatives d'un viticulteur du pays d'Armagnac, relativement aux manœuvres du gros commerce :

« Écoutez ce qui se passe ici sur les vins et les eaux-de-vie. Payez-vous moins cher ? Non, n'est-ce pas. Cependant ici, en Armagnac, nos chais sont pleins et le gros commerce ne nous achète rien. Il a acheté en Espagne, à la faveur des anciens traités ; l'année prochaine, il achètera en Italie à la faveur des nouveaux, qui constituent pour nos voisins du Sud-Est, saturés depuis cinq ans, une notable amélioration.

« Quand je dis que nous ne vendons rien, je me trompe. Moi, qui vous écris, j'ai très bien vendu, savez-vous quoi ? *Mes lies !* Savez-vous à qui ? A M. X..., négociant en eaux-de-vie à Cognac... X... a acheté beaucoup de vins d'Espagne, remontés d'alcool allemand. Il va les surcharger de trois-six, distiller le tout sur mes lies d'Armagnac et lancer dans la consommation d'excellent (?) cognac ; le consommateur le gobera, le paiera, s'empoisonnera et sera content. Moi et mes valets de ferme nous crèverons de faim.

____

(1) *Revue des Deux-Mondes*, 1er février 1892.

« Le commerce en gros est organisé à la façon de la haute banque ; il tient toutes les avenues entre la production et la consommation, et il m'est à peu près impossible à moi, agriculteur, d'attein-
dre directement le consommateur. Pour vendre des titres, il faut
un agent de change ; pour vendre un hectolitre de vin, il faut un
négociant en gros. »

Le danger de l'accaparement sur certaines marchandises comme
les huiles, les sucres, le blé, est devenu si menaçant que le législateur se préoccupe des moyens à prendre pour le prévenir et qu'on
lit dans l'exposé des motifs d'une récente proposition de loi sur les
docks-greniers (*Journal officiel* du 26 février 1892. Documents
parlementaires, Chambre, p. 2889) :

« Il faut légiférer en second lieu pour faire obstacle à l'accaparement des grains, et, ici, nous réfuterons la seconde objection qui
nous a été faite et qui précisément vise l'accaparement.

« En l'état actuel de la législation sur les Magasins généraux, il
suffit de réunir le récépissé, instrument de vente, et le warrant,
instrument de crédit, pour être investi de tous les droits du dépo-
sant et disposer entièrement de la marchandise.

« C'est là une organisation qui est de nature à favoriser singulièrement l'accaparement, rien n'étant plus aisé que de réunir dans
la même main, en un laps de temps très court, une grande quantité de récépissés et de warrants.

« Le krach récent des huiles prouve qu'il est indispensable de
modifier la législation sur ce point et de prendre des mesures pour
empêcher le renouvellement de pareilles catastrophes. »

Nous avons vu la Haute Banque à l'œuvre dans l'affaire du Syndicat des métaux et nous savons qu'elle n'a aucun scrupule à orga-
niser des coalitions en vue de l'accaparement d'une matière première. Des Sociétés de crédit qui passaient pour être d'une circons-
pection à toute épreuve sont entrées sans hésitation dans une
entreprise dont la loi condamnait les agissements.

Il n'est donc pas à désirer que dans un pays comme le nôtre, où
l'argent n'a déjà que trop de tendance à déserter les placements

sûrs de la terre et de l'immeuble, les Chambres favorisent un courant qui n'est déjà que trop fort et encouragent, par un privilège légal, par une exemption injusticiable d'impôts, la création de Grands Magasins formés par actions.

Les économistes de l'ancienne école auront beau nous déclarer que la transformation des maisons de commerce, dirigées par un propriétaire unique opérant avec ses seuls capitaux, en une série de comptoirs juxtaposés, fonctionnant comme les Sociétés anonymes ou en commandite, est une loi inévitable et fatale de la société moderne.

Il n'y a de l'inévitable et du fatal que dans le monde physique : le monde moral est le règne des activités libres. Le commerce entier de la France ne sera mis en actions que si cette évolution paraît heureuse à la majorité des hommes qui réfléchissent et qui ont quelque clairvoyance. Or, nous ne pensons pas que telle soit de longtemps leur conclusion.

Un commerce mis tout entier en actions négociables serait un commerce absolument en l'air. Toutes les opérations d'une Société par actions sont nécessairement à jour. Le bilan de l'Association et le rapport des Administrateurs sont publiés chaque année et peuvent donner lieu, dans la presse, à des commentaires qui se traduiront le lendemain par une baisse formidable.

Notre ancien commerce de France, représenté par un nombre très considérable de petites maisons opérant presque à coup sûr avec leurs capitaux d'épargne, présentait autrement de surface et de solidité que ces légères, artificielles, aériennes architectures ajourées de toutes parts et dont les campaniles frêles s'ébranlent au moindre souffle du vent qui passe en Bourse.

Les petites maisons d'autrefois n'avaient pas beaucoup d'élévation au-dessus du sol. Mais quelle base solide, immuable ! Les maisons d'aujourd'hui ressemblent à des pyramides dont la pointe est en bas : c'est le chef-d'œuvre de l'équilibre instable. Pour payer les dividendes attendus impatiemment des actionnaires, elles sont obligées de juxtaposer les genres de commerce les plus opposés, les plus hétéroclites.

Jamais elles ne s'enferment dans trois ou quatre spécialités d'affaires déterminées. Elles veulent tout embrasser et ne réussissent à rien étreindre sérieusement. On les voit joindre à un commerce de nouveautés des opérations sur les huiles, sur les blés, sur les sucres.

L'une, instituée à l'origine pour vendre des jouets d'enfants, crée des comptoirs de parfumerie, de lingerie, d'ébénisterie, de quincaillerie, de serrurerie. Elle ne se contente même pas de vendre des serrures; elle se charge de les poser. Un ouvrier serrurier est attaché au bazar en attendant que celui-ci s'annexe des ouvriers boulangers, bouchers, charcutiers, pâtissiers.

Le magasin du *Printemps*, dirigé par un député, et créé pour vendre des étoffes, s'est adjoint une maison de banque. Il reçoit des dépôts d'argent en compte courant et transmet des ordres de Bourse.

La part de la spéculation artificielle, du jeu de Bourse, se trouve augmentée d'autant. Peu à peu, la fortune entière du pays déserte les placements solides et se transforme en papier. Nos capitaux se volatilisent, et, une fois volatilisés, sont à la merci d'un krach.

Qui pourra dire le mal causé à la France par les combinaisons aventureuses de ces vingt dernières années ? Et le bien produit par les petites maisons de commerce qui, pendant le même temps, ont été la forte réserve des économies du pays ?

Il ne faut à aucun prix permettre à cette réserve de se tarir. Plus nous constatons qu'il existe dans le monde un double courant qui consiste à rendre les riches plus riches et les pauvres plus pauvres, à augmenter les trois ou quatre grandes fortunes souveraines, tandis que les misères d'en bas se multiplient, plus nous avons le devoir de ne pas nous associer à un mouvement de concentration capitaliste, qui ne tend à rien moins qu'à faire totalement disparaître la classe moyenne, la classe qui joue le rôle d'intermédiaire indispensable entre les grandes fortunes et les grands dénûments, qui protége le haut contre les déchaînements du bas, et le bas contre les appétits souvent immodérés du haut.

Les économistes qui se flattent de ne céder jamais à ce qu'ils appellent dédaigneusement la sentimentalité, se consolent très facilement de la disparition de la classe bourgeoise. Les rouliers ont disparu devant les chemins de fer, disent-ils ; le petit commerce disparaîtra devant le grand. Où est le mal ? La société y gagnera d'être approvisionnée à meilleur marché, et de même que les rouliers ont pu devenir, sinon mécaniciens et chefs de gare, du moins camionneurs et hommes d'équipes, les petits patrons en seront quittes pour se faire employés et hommes de peine dans les Grands Magasins. Il n'y aura pas suppression d'activité ; il n'y aura que déplacement.

Cette consolation nous paraît tout à fait inacceptable. Dans une de ses brochures, la Ligue syndicale pour la défense du Commerce a fait en effet remarquer que le Grand Magasin qui, comme le Bon Marché de Paris, réalise un chiffre d'affaires annuel de cent vingt millions, tient la place de quatre mille huit cents petits magasins faisant chacun vingt-cinq mille francs d'affaires.

Chacun de ces quatre mille huit cents négociants occupe encore deux ou trois personnes autour de lui. C'est donc une moyenne de quatorze mille personnes dont le Grand Magasin supprime les moyens d'existence.

Il emploie, il est vrai, trois mille chefs de rayons, commis et auxiliaires, mais de trois mille à quatorze mille, il y a de la marge. Onze mille quatre cents emplois demeurent supprimés par le Grand Magasin. Onze mille personnes se voient arracher leurs moyens d'existence.

Qu'importe ! répondent les économistes en se bouchant les oreilles pour ne pas entendre les cris de leurs victimes. Aucun progrès ne se réalise sans douleur ; aucune amélioration ne s'établit sans souffrances individuelles ; tout enfantement d'une société nouvelle est un déchirement, et l'enfantement n'en reste pas moins heureux puisque c'est celui du bon marché général, de la vie améliorée par la suppression d'un nombre considérable d'intermédiaires inutiles.

Le bon marché dont nous parlent sans cesse les économistes ne serait-il pas un leurre ? Car enfin, voilà longtemps qu'on nous loue ses bienfaits, et nous avons beau ouvrir les yeux, nous ne réussissons pas à les apercevoir à l'œil nu. Si le bon marché était par lui-même une panacée, assez de Grands Magasins fonctionnent aujourd'hui à Paris et en province pour que les effets de la diminution du prix de la vie se fassent sentir partout.

Or, consultez le petit fonctionnaire, le petit rentier, l'ouvrier, tous ceux dont le budget est strictement limité. Demandez-leur si, depuis l'établissement des Grands Magasins, ils remarquent une amélioration réelle dans leur existence, un reliquat disponible de leur recette à la fin de l'année, grâce à la baisse des objets de consommation courante. Ils seront unanimes à vous répondre négativement.

Jamais, du reste, on ne les a entendus se plaindre avec plus de vivacité des difficultés de la vie que depuis la création des Grands Magasins ? Et ces plaintes s'expliquent. Si les ouvriers paient certains articles sacrifiés un peu moins cher, ils sont eux-mêmes payés à un taux réduit. Les malheureux sont les premières victimes du bon marché apparent.

Ne laissons donc pas les économistes prétendre que le fonctionnement des Grands Magasins est démocratique, qu'il sert les intérêts du plus grand nombre, qu'il joue le rôle bienfaisant de la machine à vapeur dans l'industrie en augmentant la production et en diminuant les frais généraux, bref qu'il fait les affaires de la masse contre une minorité d'intermédiaires parasites.

Rien n'est plus faux. Les Grands Magasins ne font pas les affaires de la masse, puisque nous avons démontré qu'elles l'appauvrissent. Ils font seulement les affaires d'une minorité minuscule qu'ils enrichissent. Grâce à eux, de grandes fortunes peuvent s'élever en fort peu de temps, par une double manœuvre également coupable : l'une qui consiste à acheter très bon marché à l'industriel en le menaçant de la concurrence étrangère, l'autre à vendre très cher certains articles en ayant l'air d'en vendre d'autres au-dessous du cours normal.

Le Grand Magasin représente en dernière analyse l'appétit capitaliste transplanté de la Bourse dans le Commerce, l'agrandissement démesuré d'un négoce qui, sans les connaître, s'en adjoint cent autres, non pas comme on l'a dit dans l'intérêt du consommateur, mais bien pour le plus grand profit du vendeur.

Il n'a aucune ressemblance avec les chemins de fer dont on a beaucoup trop parlé à leur propos. Les voies ferrées constituent l'application d'une force naturelle, l'expansion de la vapeur. Où est la force naturelle qu'identifient les Grands Magasins? Où est la découverte scientifique dont ils seraient l'émanation ?

Je ne vois chez eux aucun souci réel du bien général, mais seulement une préoccupation égoïste de leur richesse particulière. Leur habileté incontestable consiste précisément à faire passer cet égoïsme pour du désintéressement et à persuader au public qu'ils servent son intérêt quand, en réalité, ils ne défendent que le leur.

Ce qui le prouve, c'est un moyen souvent employé par eux et qui consiste à expédier leurs catalogues sous le couvert de la première page d'un journal illustré. La poste se trouve ainsi privée d'un revenu réglementaire par un artifice que l'administration, si sévère pour le petit commerce et si indulgente pour le grand, ne devrait pas tolérer.

<h2 style="text-align:center">V</h2>

<h3 style="text-align:center">GRANDES AFFAIRES — PETITS BÉNÉFICES.</h3>

L'économie politique résume toute sa doctrine en une formule qu'elle croit saisissante et qui, en effet, ne manquerait pas de produire sur nous un véritable saisissement, si nos âmes lassées pouvaient encore s'émouvoir d'un paradoxe. Le nouveau commerce, nous dit-elle, adopte un principe qui est le renversement de la méthode usitée par l'ancien commerce.

Celui-ci se proposait généralement de faire peu d'affaires et de gagner beaucoup sur chaque affaire, c'est-à-dire de vendre cher, tandis que le nouveau commerce, le commerce fin de siècle a, au contraire, l'ambition de faire beaucoup d'affaires et de gagner très peu sur chaque affaire, c'est-à-dire de vendre bon marché.

Nous croyons que cette façon de poser la question entre l'ancien et le nouveau commerce laisse singulièrement à désirer. Le tort de toutes les formules dont les termes se balancent trop symétriquement est de sacrifier la vérité à la symétrie.

Il est faux de prétendre que l'ancien commerce ait eu pour but de faire peu d'affaires. Jamais un négociant, même d'ancien régime, n'a conçu pareil idéal, ne s'est donné pour mission de restreindre lui-même son chiffre d'affaires.

Plus, au contraire, il gagnait sur un article, plus, par une tendance naturelle, il s'efforçait de multiplier la vente de cet article. De tout temps donc les négociants ont désiré augmenter le chiffre de leurs affaires.

La proposition qui consiste à présenter le nouveau commerce comme se contentant d'un bénéfice minimum sur chaque article n'est pas plus exacte. Il n'y a aucune contradiction à vouloir simultanément faire beaucoup d'affaires et réaliser un grand bénéfice sur chaque article.

Ce qui prouve que dans la réalité les choses se passent ainsi, c'est que les Grands Magasins prélèvent sur tous les produits autres que l'objet sacrifié des commissions bien supérieures à celles dont se contentait l'ancien commerce.

Si celui-ci vendait certains articles un peu plus cher qu'aujourd'hui, en revanche il les payait beaucoup plus cher. Il n'exerçait pas sur le fabricant cette pression immorale qui, de nos jours et pour certains acheteurs sans scrupules, va jusqu'à l'exploitation.

Pour rectifier la formule que l'économie politique prête si complaisamment aux Grands Magasins, il serait donc équitable de dire que, contrairement à l'ancien commerce dont les bénéfices étaient limités par l'indépendance de l'industrie, le nouveau commerce ayant réduit l'industrie en servitude, a trouvé à la fois le moyen de faire plus d'affaires et de réaliser plus de bénéfices.

La justice nous oblige d'ajouter que, lorsqu'une discussion s'engage entre un industriel et un directeur de Grand Magasin sur le prix d'une marchandise que le second se propose de commissionner, l'industriel s'interrompt souvent pour s'écrier : Mais il n'est pas possible de fabriquer le produit à ce prix !

Et le directeur du Grand Magasin répond : « Je ne vous demande pas de me fournir un produit de première qualité. » Sur cette réponse on s'entend à demi-mot. Le sourire du directeur du Grand Magasin dit tant de choses ! Il s'y lit un si parfait mépris pour l'acheteur !

Est-ce qu'il a quelque connaissance et quelque flair, notre acheteur ? Est-ce qu'il distingue entre la seconde qualité et la troisième ? Est-ce que dès qu'il est persuadé qu'on lui vend à bon compte chez nous, il ne nous tient pas quitte du reste ?

Est-ce qu'il s'avise seulement de tourner et de retourner le produit dans sa main comme faisait jadis l'acheteur de l'antique magasin de spécialité ? Est-ce qu'il soumet ses achats à un examen sommaire ? Non. Il se contente de les empiler les uns sur les autres, sans arrêter son attention sur aucun.

Se demandera-t-il si le couvert que nous lui vendons et qui est fabriqué avec des rognures métalliques ne supportera l'action ni du feu ni des acides de la cuisine et sera usé trois fois plus vite que le couvert solide du bon vieux temps ? Aura-t-il l'idée de rechercher si le métrage est normal, et ne lui arrivera-t-il pas souvent de ne recevoir que sept mètres d'un ruban dont il croit acheter dix ?

Il faut prendre le public tel qu'il est. Le public de nos jours est prodigieusement pressé. Ni le temps, ni la durée ne comptent plus pour lui. Il veut du bon marché immédiat, ce bon marché fût-il de la pacotille. Servons-le selon ses goûts.

« Rien n'est plus cher que le bon marché », disait jadis la sagesse des nations. Mais aujourd'hui les nations ne sont plus sages. Elles ne tiennent pas au bon marché réel : elles cherchent seulement le bon marché fictif. Donc, mon bon industriel, imitons-les. Ne soyons pas plus royalistes que le roi et plus populaire que le peuple.

Rois et peuples nous demandent le bon marché sans se préoccuper ni de la qualité, ni de la durée. Abaissons sans scrupule la valeur du produit national ; faisons tout descendre d'un ou de plusieurs degrés ; ingénions-nous de plus en plus à fabriquer sommairement et à la diable.

Et ces exhortations du Grand Magasin sont d'autant plus écoutées qu'elles constituent pour l'industrie le seul expédient où elle trouve une compensation au bas prix qui lui est imposé. De sorte que dans toutes les usines de France qui fournissent les Grands Magasins, on ne s'applique plus comme jadis à produire de mieux en mieux, mais à fabriquer de plus en plus mal. Il s'engage une sorte de lutte pour savoir à qui imprimera à ses produits un caractère de pacotille de plus en plus grand.

On nous cite une fabrique de l'Est où les articles destinés aux Grands Magasins sont préparés dans une annexe spéciale avec un outillage de rebut et des ouvriers de moindre qualité. On ne permet aucune communication entre l'annexe et la fabrique pour ne pas gâter la main dans celle-ci.

Le connaisseur a bientôt fait de reconnaître dans les Grands Magasins ces articles livrés à des prix dérisoires et manipulés à l'usine sans aucun souci de la qualité et de la durée. Presque tous portent un signe visible, une tare nettement apparente. On ne se préoccupe même pas de la dissimuler,

VI

LA VENTE AU COMPTANT — PLUS DE CRÉDIT

Si la première source de bénéfices du Grand Magasin vient d'un privilège inique qui leur est constitué par une loi mal faite, si la seconde procède d'achats réalisés à l'aide d'une pression immorale sur l'industriel et par conséquent sur les ouvriers, la troisième résulte de la suppression de toute perte dans les ventes et de tout aléa dans les recouvrements. L'article le plus infime se vend chez lui au comptant : le crédit est inexorablement éliminé de cette nouvelle façon d'entendre le commerce.

Cette suppression de tout découvert est fortement louée par les économistes dont quelques-uns, dans leur enthousiasme, vont jusqu'à pincer adorablement de la guitare sous les fenêtres de Rosine Jaluzot. Plus de crédit ! Admirez, bonnes gens ! C'est la moralisation de l'acheteur. Le crédit est une tentation, un piège, une chausse-trape. Que de gens achètent sans considérer leurs ressources probables, et s'endettent, et s'enlizent, et se ruinent qui seraient demeurés solvables si le crédit ne leur avait pas fourni des avantages trompeurs et perfides !

Voilà la thèse. Elle n'a qu'un défaut, c'est d'être trop générale. Il ne faut pas trop de crédit, mais il en faut. L'ouvrier n'a pas toujours en poche l'argent de sa quinzaine ou de son mois. Si le boulanger ne lui faisait crédit, il risquerait souvent de mourir de faim. Quand les boulangeries seront organisées en magasins généraux, le peuple pourra se serrer le ventre. Plus d'argent, plus de pain !

Il est aussi puéril de condamner l'usage du crédit dans tous les cas que de l'absoudre d'avance dans toutes les éventualités. Son emploi est délicat et comporte un habile maniement ; mais entre des mains loyales, ses avantages surpassent ses inconvénients.

En supprimant le crédit d'une façon absolue et brutale, les

Grands Magasins prennent donc position une fois de plus contre la classe la plus pauvre et la plus nombreuse. Celle-ci se trouve de ce chef privée d'une ressource qui lui est précieuse en bien des circonstances.

Voici par exemple un ouvrier qui sort de l'hôpital, à peine convalescent. Sa maladie a épuisé les dernières ressources de la famille. La saison d'hiver s'approche : il faudrait des vestons chauds et des souliers neufs pour les enfants. Le petit magasin livrait ces objets à crédit et attendait avec patience le règlement un mois ou deux après la reprise du travail.

Le Grand Magasin ne connait pas ces tempéraments. Avez-vous de l'argent en main ? Il vous est permis d'acheter. Votre porte-monnaie est dégarni ? Passez votre chemin. Le Grand Magasin se flatte de ressembler à l'Économie politique dont il est la créature préférée : il n'a pas d'entrailles. Les questions d'humanité s'effacent pour lui devant les questions de chiffre.

Admirez maintenant les conséquences du régime nouveau. Grâce au petit commerce d'autrefois qui ouvrait libéralement des crédits aux ouvriers dont il connaissait la moralité, le travailleur ne se sentait pas isolé au milieu d'une société sourde et muette.

Rencontrant des mains qui se tendaient vers lui, il ne songeait pas à prendre des attitudes farouches et à retirer sa main. Des relations de bons offices, de services mutuels s'échangeaient entre les différentes classes de la société. On causait quelquefois des deux côtés du comptoir et l'on se comprenait assez vite. Il n'y avait pas assez de disproportion sociale pour creuser des abîmes entre eux. Le petit magasinier était souvent l'ouvrier d'hier, et l'ouvrier d'aujourd'hui était le petit commerçant de demain.

Le directeur d'un Grand Magasin se trouve par sa position entraîné bien loin de ces mœurs familières, libérales, démocratiques. C'est très souvent un grand seigneur de la finance qui gouverne son empire commercial du fond d'un palais et n'entre plus en communication, non seulement avec sa clientèle mais même avec son personnel.

A l'époque de la petite industrie, lorsque le patron, aidé par quatre ou cinq compagnons seulement, travaillait tout le jour avec eux et au milieu d'eux, les malentendus sociaux ne présentaient ni la même gravité ni la même intensité qu'aujourd'hui. En éloignant le maître de l'ouvrier, en rendant l'un étranger à l'autre, la grande industrie a déjà multiplié les causes de mésintelligence entre les classes : le Grand Magasin achèvera cette œuvre néfaste.

Pour édifier quelques grosses fortunes dont l'étalage provoquera des convoitises haineuses, il sera forcé d'augmenter le nombre des positions inférieures et dépendantes. Loin de diminuer ce que dans un pays voisin le chef du gouvernement a appelé : « des contrastes sociaux malsains » on les aggravera au détriment de la paix publique.

Ne vous abandonnez pas à ces appréhensions pessimistes, nous répondent les économistes. Le Grand Magasin n'est point prêt de tuer le petit. Il y a place pour l'un et l'autre au banquet de la vie. Chacun trouve autour de lui une clientèle spéciale que le voisin ou le concurrent ne peut songer à lui enlever. Le Grand Magasin a la clientèle des riches, des bourgeois, de tous ceux qui se présentent argent en main. Le petit magasin a celle des pauvres, des besoigneux, des personnes qui ont besoin de crédit, de celles aussi qui ne veulent ou ne peuvent se déplacer.

La magnanimité du Grand Magasin éclate, comme on le voit, à tous les yeux. Il nous prend la clientèle qui paie et consent à nous laisser celle qui ne paie pas. On ne saurait vraiment pousser plus loin la générosité. Un négociant qu'on ne paie pas ne paie point à son tour ; il est obligé de mettre son banquier à contribution. Ses frais généraux sont grevés d'autant.

On lui tient donc le langage suivant : quand vous adresserez une commande à l'industriel, comme elle n'aura pas l'importance de de celle du bazar, votre facture sera établie à un cours plus élevé. Vous achèterez donc plus cher et d'autre part, il vous faudra vendre moins cher, puisque vous vendrez à crédit. De tous les côtés, c'est l'écrasement.

Un écrasement lent, ajoutent non sans ironie les économistes, car le petit commerce n'a point encore été sérieusement atteint, ni comme nombre de négociants ni comme chiffres d'affaires.

Et l'on nous cite des statistiques d'où il résulterait d'une part que le nombre total des patentes ne baisse pas ; d'autre part, que le chiffre des affaires réalisé par les Grands Magasins constitue une quantité négligeable.

« Depuis 1860, dit M. Georges Michel (*Revue des Deux-Mondes*, 1er janvier 1892), le nombre des patentes a augmenté à Paris de 28,166 et il est aujourd'hui de 129,337. »

Cette façon de présenter l'ensemble des patentés sans analyser les différentes sortes de patentes constitue un véritable trompe-l'œil. On sait par exemple que les marchands de vin figurent parmi les patentés et que malgré les souffrances du commerce, le total des débits ne fait que s'accroître, surtout depuis l'établissement de la liberté à peu près illimitée des débitants.

Parce qu'il y aura cinq cents, mille, deux mille cafetiers ou marchands de vin de plus, faudra-t-il en conclure que le petit commerce n'est point atteint par la concurrence des Grands Magasins ?

Ce qui démontre que les chiffres présentés *in globo* ne prouvent rien, c'est qu'aussitôt qu'on les décompose par profession, des conclusions tout autres apparaissent. Voici par exemple un relevé des totaux des personnes patentées pour toute la France dans les professions suivantes : imprimeurs, relieurs, chapeliers, boutonniers :

1877	225.332
1878	233.435
1880	221.556
1881	202.117
1883	200.472
1885	196.777
1886	194.699

Voilà donc, pour quatre professions, trente-un mille patentes de moins. Une simple nomenclature a suffi pour détruire les artifices arithmétiques de l'économie politique.

La date de 1860 est d'ailleurs singulièrement choisie comme tête de pont d'une série d'années comparatives. Nous comprenons ce choix quand il s'agit d'examiner l'influence des traités de commerce sur le mouvement général des affaires. Mais est-ce à partir de 1860 que les Grands Magasins se sont fondés? Est-ce de cette année que date leur prospérité? Et-ce alors surtout qu'ont commencé à être visibles les ruines qu'ils ont causées?

Il faut tenir compte de la complexité des phénomènes sociaux et des causes multiples, souvent contradictoires, qui agissent en sens inverse. Une ville pourra simultanément voir son commerce favorisé par une augmentation subite de population et attaqué par la création de deux ou trois Grands Magasins; le bien résultant de la première cause ne neutralisera pas le mal issu de la seconde, mais le masquera pendant quelque temps.

A Nancy, par exemple, avant 1870 on comptait trois régiments. Aujourd'hui le nombre est de six. La population a augmenté d'une vingtaine de mille âmes. Le nombre des patentés a donc dû s'élever proportionnellement, pendant tout le temps que la population s'accroissait. C'est en effet ce qui s'est produit malgré la concurrence des Grands Magasins.

En 1871........ 2.978
En 1880........ 3.555
En 1888........ 3.985

A partir de ce moment, l'action des Grands Magasins, fondés quelques années auparavant, commence à se faire sentir. Le nombre des patentes oscille quelque peu. Une année, il rétrograde, puis il se relève et enfin il se met à baisser sérieusement.

En 1889........ 3.876
En 1890........ 3.933
En 1891........ 3.899

Nous ne sommes qu'au début d'une série descendante et voici

seulement ouverte la période d'observation efficace. On comprend que le petit commerce ne se soit pas tout à coup et dès le premier jour résigné à disparaître. Même lorsqu'il a vu diminuer le chiffre de ses affaires, il a continué à lutter. Il n'a pas lâché pied dès la première attaque, car quoi qu'on l'accuse volontiers de routine, c'est somme toute un énergique, un vaillant, un tenace.

Il a considéré bien en face la situation nouvelle qui lui était faite par une concurrence effrénée et s'est ingénié à s'outiller pour la lutte. Voilà pourquoi la statistique des patentes ne peut encore nous révéler toute l'étendue du désastre.

C'est au chiffre d'affaires qu'il faudrait s'adresser, car lui seul serait probant. Combien d'affaires font les Grands Magasins? Combien es petits ? Voilà la vraie question à se poser. Malheureusement les conditions d'une bonne réponse ne sont pas simples.

Pour dresser le total des affaires faites par la totalité des patentés d'une ville, il n'existe qu'un procédé rigoureux et infaillible : c'est la collation des livres de chacun d'eux. Personne ne pouvant se flatter d'avoir ces documents en communication, les résultats qu'on nous présente n'ont qu'un caractère flottant, à peine approximatif.

On nous affirme, par exemple, que d'après les enquêtes de la Chambre de commerce, le chiffre d'affaires des patentés parisiens dépasserait quatre milliards par an. Et l'on se hâte d'ajouter que les Grands Magasins de nouveautés ne figurent dans cet ensemble que pour trois cents millions environ.

Or, nous savons, d'autre part, grâce à des documents beaucoup plus certains, provenant de l'Enregistrement, que le Bon Marché a fait en 1887 et pour lui seul un chiffre d'affaires de cent dix-sept millions et demi. Voilà du coup le total de trois cents millions présenté pour tous les Grands Magasins, pris ensemble, étrangement infirmé.

Nous nous trouvons en face d'un chiffre notoirement au-dessous de la réalité. Toutes les conclusions laborieusement édifiées sur la statistique s'écroulent dès que les éléments constitutifs de la statistique sont reconnus comme inexacts.

L'argument tiré du nombre des personnes vivant de l'industrie du vêtement ne paraît pas beaucoup plus solide. De ce que ce nombre qui ne s'élevait en 1860 qu'à 78,377 a été porté en 1890 à 290,262, il ne faut rien conclure ni pour ni contre les petits magasins.

Autre chose est le commerce, autre chose est la main-d'œuvre. Les ouvriers tailleurs et les ouvrières en robes auront beau augmenter de nombre, il ne s'ensuivra pas que les petits marchands d'étoffes voient la clientèle affluer dans leurs boutiques. On s'habille plus aujourd'hui qu'autrefois ; chacun use plus de vêtements et il y a plus de gens qui portent des habits convenables. Le résultat d'ensemble est satisfaisant, puisqu'il assure du travail à un plus grand nombre d'ouvriers et d'ouvrières, mais il ne prouve pas que les affaires du petit commerce soient prospères.

La province, qui souffre plus encore que Paris de la concurrence des Grands-Magasins, de leurs succursales, de leurs expéditions par colis postaux, peut présenter pour preuve de ses souffrances des chiffres que le Parlement ne pourra contester : ce sont les chiffres mêmes qui ont servi à l'Administration des contributions directes pour l'établissement de l'impôt foncier, transformé en impôt de quotité.

Il suffira de suivre désormais sur les tableaux officiels des recensements décennaux les fluctuations de la valeur locative des magasins dans les principales villes de France pour constater que la diminution du chiffre des affaires se traduit par l'abandon de nombreux locaux et par la baisse de prix de location de tous les autres. Certaines rues centrales de Nancy ont vu, depuis trois ou quatre ans, se produire une diminution d'un tiers.

Un rez-de-chaussée loué précédemment trois mille francs n'a été accepté qu'au prix de deux mille. Avec l'impôt de quotité, ce sera donc pour le Trésor une perte considérable, lors du premier récolement décennal.

Les Chambres seront bien forcées de croire à la légitimité de nos plaintes, lorsque celles-ci se traduiront par de fortes déconvenues budgétaires. Il sera trop tard alors pour aviser et l'État Providence lui-même n'a jamais connu l'art de ressusciter les morts.

VII

LA LOI DU 15 JUILLET 1880 SUR LES PATENTES

Que cette loi doive être remaniée intégralement, personne n'en doute, car elle a, pour une société démocratique, un vice capital, celui de ne pas être proportionnelle.

Elle est fondée, en effet, non pas sur le principe de justice, qui veut que chacun paie l'impôt selon ses ressources, mais d'après le paradoxe invraisemblable et inique qui décide que plus on est riche, moins on doit payer l'impôt.

Sortons des généralités et prenons des exemples. Un négociant fait cent mille francs d'affaires, un autre cinquante mille, un troisième vingt mille.

Si le premier paie à l'État cinq mille francs d'impôt, le second deux mille cinq cents, le troisième mille, il y a proportionnalité.

Si le premier paie à l'État dix mille francs, le second deux mille, le troisième cinq cents, il y a progression ascendante.

Si le premier paie à l'État cinq cents francs, le second six cents, le troisième sept cents, il y a progression, mais progression à rebours.

Le pauvre paie beaucoup plus que le riche, et plus il est pauvre, plus il doit payer. C'est précisément cette progression à rebours que la loi de 1880 a établie, volontairement ou non.

Elle a décidé, dans son article 7, que deux commerçants placés dans des conditions différentes seraient assujettis aux mêmes charges. Gérez un commerce unique ou bien réunissez cent commerces dans le même local, le législateur ne vous impose à l'un et à l'autre qu'un seul droit fixe. Le droit proportionnel pourra varier, mais le droit fixe restera fidèle à sa définition. Il ne changera pas.

Pourquoi ne pas faire payer à chaque commerçant autant de droits fixes qu'il réunit de commerces dans le même local ? Quelle est la raison de cette exemption d'impôt qui favorise ostensiblement la concentration des commerces et qui constitue une prime légale en faveur des Grands Magasins, si bien qu'on a pu dire que les Grands Magasins sont la création artificielle de lois fiscales faites dans un esprit d'évidente partialité ?

Le refus de faire peser sur un commerçant autant de fois le droit fixe de sa catégorie qu'il a groupé de commerces dans le même local, ne se justifie par aucune considération d'équité. C'est simplement un privilège injustifiable, et, comme tous les privilèges, c'est une injustice.

On n'admettrait pas que les Compagnies de chemins de fer établissent une seule catégorie de billets, en décidant que si quatre personnes entrent dans un compartiment pour voyager ensemble, elles ne paieront que pour une.

C'est cependant cette énormité que consacre la loi de 1880 sur les patentes. Vous gérez cent commerces, vous ne paierez que pour un.

En fait, cette disposition de l'article 7 a eu pour conséquence pratique de faire payer beaucoup plus à celui qui gère un commerce qu'à celui qui en groupe cent. Voici en effet ce qui se passe.

On cite à Paris des négociants qui acquittent au Trésor des charges variées qui se montent à cent vingt francs par an et dont le chiffre d'affaires ne dépasse pas sensiblement six mille francs. Chaque fois qu'ils font pour cent francs d'affaires, l'État exige donc de ces petits commerçants deux francs.

Un Grand Magasin qui a fait cent vingt millions d'affaires a versé à l'État deux cent sept mille francs, grâce à l'ingénieux mécanisme de l'article 7. A deux francs par cent, comme le petit négociant, il aurait dû payer deux millions quatre cent mille francs. A un franc pour cent, il aurait dû payer douze cent mille francs. A cinquante centimes pour cent, il aurait dû payer six cent mille francs. A vingt-cinq centimes, trois cent mille.

Le Grand Magasin, n'ayant payé qué deux cent sept mille francs, paie donc moins de vingt-cinq centimes pour cent, pendant que le petit magasin paie deux francs. Cette seule constatation d'une progression à rebours aussi monstrueuse suffit pour condamner la loi qui la rend possible.

On répond, il est vrai, que le chiffre d'affaires n'est point la mesure exacte du chiffre des bénéfices et qu'il ne s'agit, du reste, d'établir l'impôt ni sur la base du chiffre des affaires, ni sur le total des bénéfices. Il faudrait, pour adopter cette base, instituer l'impôt sur le revenu, et c'est une réforme qui n'est point mûre, dans un pays surtout où les réformes mûrissent lentement.

Aussi ne citons-nous le chiffre d'affaires que comme un argument destiné à rendre sensible le défaut de proportionnalité de l'ancienne loi, mais non pas comme le fondement appelé à supporter l'édifice de la nouvelle.

En ce qui concerne celle-ci, et pour l'établir, il suffit de développer d'une façon équitable un certain nombre de principes déjà en germe dans notre législation fiscale.

Très sagement, en effet, le législateur a renoncé à vérifier les ressources du commerçant en se plaçant au dedans de sa maison de commerce et en vérifiant ses livres, procédé d'inquisition intolérable.

Le législateur a pensé qu'il existe un certain nombre de signes extérieurs, de marques apparentes et suffisamment révélatrices. Ces signes ont été classés par lui au nombre de trois : 1º le genre d'industrie ; 2º la population de la ville — pour certaines industries ; 3º la valeur locative des locaux occupés.

Pourquoi cette liste des signes extérieurs s'est-elle arrêtée à trois ? Pourquoi n'a-t-elle pas compris parmi ces marques visibles de la prospérité d'un commerce, le nombre d'industries juxtaposées dans le même établissement ?

S'il plaît à un négociant de réunir cent commerces, c'est apparemment qu'il espère réaliser des bénéfices proportionnels à cette gestion centralisée. Il devra donc payer autant de droits fixes au-dessus de quatre professions qu'il exerce de commerces divers.

Tout porte à croire *a priori* qu'un commerçant établi à Paris fera plus d'affaires qu'à Saint-Denis ; qu'un magasin qui paie dix mille francs de location sera plus achalandé qu'une boutique de mille francs ; qu'un bijoutier réalisera plus de bénéfices qu'un pâtissier.

On admet donc sans protester l'établissement de tableaux gradués selon la population de la ville, selon la valeur locative, selon le caractère de l'industrie exercée. Mais, à ces signes de la richesse, il faut joindre : 1º Le nombre de commerces juxtaposés ; 2º le nombre d'employés, sérieusement contrôlés et recensés, afin d'éviter le retour des fraudes qui se sont produites, tel Grand Magasin occupant trois mille employés et n'en déclarant que mille quatre-vingt-quatre, en se fondant sur une distinction hypocrite entre le mot employé et le mot homme de peine ou auxiliaire ; 3º le nombre des voitures attachées à la maison pour le transport des marchandises à domicile.

Les partisans des Grands Magasins affirment que cette augmentation d'impôts ne paralysera en aucune façon l'action grandissante du commerce centralisé. Il ne reste donc plus aucune raison à la Chambre pour ne pas voter une réforme que tout le monde reconnaît comme équitable et que les intéressés eux-mêmes prétendent être en mesure de supporter sans souffrir.

L'argument tiré de la liberté du commerce ne saurait être invoqué contre cette équitable réforme. Il y aurait restriction de la liberté du commerce si la loi interdisait le cumul de cent commerces réunis. Personne ne demande cette prohibition.

Ce qu'on sollicite seulement, c'est un peu plus de proportionnalité devant l'impôt. L'établissement de la patente n'a jamais été considéré comme une violation de la liberté du commerce. Dès que l'État décide que pour exercer un commerce il faut payer un impôt spécial du nom de patente, rien n'est plus équitable que de proportionner la quotité de la patente à l'importance du commerce entrepris.

Cent commerces ayant plus d'importance qu'un seul ne doivent pas payer le droit fixe d'un seul, et c'est l'énormité légale qui a été consacrée en 1880 et qu'il importe d'abolir.

Il ne s'agit pas, comme on l'a dit à tort, de voter une loi qui constitue un privilège pour les petits magasins contre les grands. Il convient seulement de supprimer un privilège créé par la loi du 15 juillet 1880, en faveur des grands contre les petits. C'est à une œuvre de justice pure, d'équité absolue, de réparation souverainement égalitaire et démocratique, que le Parlement français est convié.

TABLE DES MATIÈRES

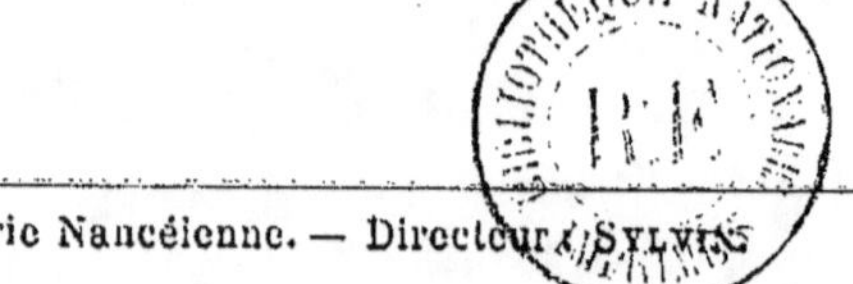

NANCY. — Imprimerie Nancéienne. — Directeur A. SYLVIN

www.ingramcontent.com/pod-product-compliance
Lightning Source LLC
Chambersburg PA
CBHW051723050726
47598CB00003B/1017